La Musique d'église au théâtre

Camille Bellaigue

FSC
www.fsc.org
MIXTE
Papier issu
de sources
responsables
Paper from
responsible sources
FSC® C105338

LA

MUSIQUE D'ÉGLISE AU

THÉÂTRE

Ce sujet n'est que la réciproque et comme l'envers d'un autre, plus considérable, plus actuel, que nous avons abordé, pour ne pas dire attaqué déjà maintes fois, et qui s'énoncerait en termes contraires : *La musique de théâtre à l'église*. Le contre-sujet aurait, disons-nous, plus d'actualité, puisque la question de la musique liturgique vient d'être à nouveau posée et résolue par une volonté suprême, chez nous, hélas ! encore mal comprise et plus mal obéie. Il serait aussi plus étendu, l'église faisant au théâtre, chez elle, une place que sur le théâtre même elle n'a jamais occupée. Mais on sait, — les instructions pontificales en témoignèrent hautement, — que l'église aujourd'hui ne craint pas d'imiter le théâtre. On sait peut-être moins bien que le théâtre, toutes les fois qu'il a figuré des sujets ou des actions religieuses, n'a rien négligé pour ressembler à l'église. Il en a pris le ton ou le style avec autant de goût que de respect. Ainsi, par un échange ou plutôt par un renversement bizarre et fâcheux, la musique d'église au théâtre est d'église plus qu'à l'église même. Sous l'apparence d'un paradoxe, cela n'est qu'une vérité de fait ou d'histoire ; et c'est cela que nous voudrions, non pas en théorie, mais en fait et par l'histoire également, essayer d'établir ou de rappeler.

La reproduction dramatique et musicale d'offices ou de cérémonies religieuses — j'entends celles de notre religion — n'est pas fort ancienne. Je ne sache pas que les deux premiers siècles de l'opéra, qui sont le XVIIe et le XVIIIe, s'en soient avisés. En Italie d'abord, puis en France et en Allemagne, nous voyons alors la tragédie musicale s'inspirer de l'antiquité seule et ne chercher ses héros que parmi les Grecs et les Romains. Lully ni Rameau, Gluck ni Mozart ne pouvaient avoir l'idée, ou l'audace, de choisir un sujet chrétien, encore moins liturgique. C'est au romantisme, — et au romantisme français, car Weber lui-même n'y songea pas, — qu'il était réservé d'introduire non seulement le christianisme, mais l'église, dans l'esthétique de l'opéra. Et le premier exemple de cette nouveauté fut peut-être *Robert le Diable* (1831).

Les deux « grands opéras français » qui précédèrent : *La Muette de Portici* (1828) et *Guillaume Tell* (1829), contiennent des parties religieuses, et fort belles, mais qui ne sont pas d'église. Au début du second acte de *Guillaume Tell*, il est un petit chœur adorable, triste et tendre comme l'*Ave Maria* des soirs italiens. Une cloche au loin l'accompagne, « *che paia il giorno pianger che si muore.* » Mais l'exquise prière résonne auprès d'une chapelle, elle ne nous y fait point entrer. Pour la première fois avec Robert et Bertram qui le suit, nous franchissons le seuil non d'une chapelle, mais d'une cathédrale. Dans la sacristie, qu'une simple tenture sépare du sanctuaire, Meyerbeer nous a montré « l'homme divisé contre lui-même, partagé entre la chair et l'esprit, entraîné vers les ténèbres et l'abrutissement, mais protégé par l'intelligence vivifiante et sauvé par l'espoir divin[1]. » Le « grand drame catholique de *Robert*[2] » trouve son dénouement à l'église, au son des chants de l'église, et par l'effet, par la vertu même de ces chants.

C'est d'abord un cantique de moines, sans accompagnement, qui tient à la fois du choral et de la psalmodie. L' « écriture, » comme on dit aujourd'hui, n'en est peut-être pas très serrée ; la polyphonie de Bach a plus de richesse et celle de Palestrina plus de pureté. Mais le style sobre et grave de cette prière est vraiment d'église, même d'office. Elle se continue et s'achève par une admirable ritournelle d'orgue, phrase mélodique et chantante, mais dont aucun accent, aucun éclat trop pathétique ne hâte ou ne trouble le cours. Alors paraissent Robert et Bertram, et les thèmes sacrés reviennent accompagner leur dialogue tragique et le faire plus tragique encore. La grandeur de cette scène, où Meyerbeer se révèle tout entier, consiste d'abord dans la rencontre de l'élément humain ou profane et de l'élément religieux ; elle tient aussi, peut-être davantage, à leur distinction. Partout ici la beauté liturgique ajoute à la beauté pathétique ; nulle part elle ne s'y soumet ou seulement ne s'y conforme. L'une et l'autre se côtoient, pour ainsi dire ; elles se renforcent et se multiplient, mais sans se confondre. Les thèmes d'église demeurent d'église, insensibles à l'action passionnée que pourtant ils soutiennent, et que même ils exaltent. Ils se prêtent, les nobles thèmes, aux deux héros en conflit : à Bertram qu'ils combattent, à Robert qu'ils secourent ; et le père et le fils jettent au-dessus d'eux leurs cris d'angoisse ou de fureur. Ils se prêtent, mais ils ne se donnent pas. Robert peut bien emprunter la pure phrase de l'orgue ; pour faire de ce chant paisible et divin le chant de son humaine détresse, il y ajoutera de sublimes accens et ces notes de ténor, les plus hautes, qu'on n'entend jamais sans émoi. Mais ces notes ne sont qu'à lui, ne sont que lui seul, et l'hymne se déroule au-dessous d'elles, invariablement pieux et liturgique, sans leur abandonner rien de sa paix auguste et de sa rituelle majesté.

Vous vous rappelez le mot, déjà si juste alors et plus juste encore aujourd'hui, de Thomas Graindorge au sortir d'un mariage parisien : « Bel opéra, analogue au cinquième acte de *Robert le Diable* ; seulement *Robert le Diable* est plus religieux. » De quoi précisément s'agit-il en ce cinquième acte ? D'un mariage, voire d'un « grand mariage, » car la princesse de Sicile elle-même attend au pied des autels un fiancé qui tarde, il est vrai, mais qui finit par la rejoindre. Or il est certain que les chants, dont ce fictif hymen s'accompagne, ne ressemblent guère à ceux qu'en des circonstances pareilles, mais réelles, nous avons coutume d'entendre. Ici, pour la première fois, la musique de théâtre l'emporte sur la musique d'église par la convenance et par la piété.

Dans l'œuvre de Meyerbeer encore, voici venir un autre cortège nuptial. Plus blanche que ses voiles de fiancée, Valentine de Saint-Bris passe au bras de son père, et, sur son passage, des jeunes filles, des femmes prient et chantent à genoux. C'est le soir de la Saint-Barthélémy, un soir d'été chargé d'orage ; déjà catholiques et huguenots se regardent et tout bas se défient, et leur sourde colère, et le soir, et la prière, tout est sombre comme ce triste mariage, qui va s'accomplir sans amour. Oh ! la plaintive, attendrissante litanie, sur laquelle tombe et retombe sans cesse, en deux étranges accords, un douloureux et presque funèbre *Ave* ! Il est admirable, cet *Ave Maria*, par la couleur pittoresque et dramatique, par tout ce qu'il ajoute à la scène, au tableau, de mélancolie et d'inquiétude. Il ne l'est pas moins par la simplicité, par la pureté du sentiment religieux. On chante ici, hors de l'église, comme il faudrait chanter au dedans. Une zone sacrée environna la chapelle, la défend, et sur le parvis même il semble que la musique exprime, inspire déjà le respect du sanctuaire. Pas d'accompagnement et pas de solo ; rien qui sente « l'air » de théâtre ou la romance de salon ; rien d'autre que deux voix, auxquelles les voix en chœur répondent. C'est peu de chose sans doute, mais c'est grave et touchant, c'est à la fois austère et tendre, et, comme a dit Musset d'une prière encore plus modeste, « c'est tout ce qu'il faut à Dieu. »

« Un grand liturgique, ce Meyerbeer ! » s'écriait un de nos amis, avec lequel nous écoutions le quatrième acte du *Prophète*. Et Wagner lui-même n'a-t-il pas écrit naguère (nous citons de mémoire) : « C'est à ce fils de l'Allemagne qu'il était réservé de faire voir comment il faut, sur le théâtre, parler des choses de Dieu ? » Au quatrième acte du *Prophète*, comme au cinquième acte de *Robert le Diable*, une des principales scènes du drame se passe à l'église. Et le drame, cela va sans dire, ne pouvait, ne devait être et n'est en effet représenté que par une musique dramatique. Mais, cette fois encore, la musique de drame, loin de rien entreprendre contre la musique d'église, en a subi plutôt à de certains momens l'influence et la contagion sainte.

Les dernières fanfares de la « marche du sacre » ont cessé. L'office commence. Alors, que n'entendrions-nous pas à l'église ? Mais, au théâtre, qu'entendons-nous ? Au lieu d'une de ces cavatines de concert ou d'opéra qui, chantées par un « ténor puissant, » ravissent les fidèles parisiens et leurs pasteurs, la plus sérieuse, la plus sobre polyphonie, un *Domine, salvum fac ! (a capella)*, auquel répond en psalmodiant la foule recueillie. Puis l'imprécation de Fidès éclate en sa libre fureur. Meyerbeer ici pouvait déchaîner son orchestre, l'irriter, l'humaniser et le dramatiser autant que la voix. Il a fait justement le contraire. Il a voulu tendre, pour ainsi dire, derrière la passion humaine, un fond religieux : que l'église restât église, et que l'atmosphère ou l'esprit en fût respecté. Sous la malédiction maternelle, une pièce d'orgue, en vrai style d'orgue, se développe, sans rien emprunter à la situation pathétique, sans que rien de cette situation agisse ou réagisse sur ce morceau purement religieux. Même réserve, même calme rituel dans le chœur des enfans, au moins au début de ce chœur. S'il s'anime ensuite, s'il s'échauffe jusqu'au plus foudroyant éclat, c'est que le Roi-Prophète alors apparaît, couronné ; c'est que nous touchons au centre, ou plutôt au sommet du drame et que le théâtre ici reprend ses droits. Il suffit, — et nous ne voulions pas rappeler autre chose — qu'il les ait d'abord sacrifiés, et que, dans la représentation d'une cérémonie de l'église, magnifique, extraordinaire même, et permettant comme telle un surcroît de pompe liturgique, la musique de théâtre ait pourtant reconnu l'éminente dignité du style de la liturgie.

Vous plaît-il que nous entrions dans une autre église, non plus derrière un héros triomphant, mais sur les pas d'une pécheresse et d'une pénitente ? Ce n'est point aujourd'hui jour de fête : la nef est à peu près déserte et quelques fidèles à peine y ont précédé Marguerite. C'est peut-être jour de funérailles, car un *Dies iræ* presque liturgique va tout à l'heure se faire entendre, mais de funérailles modestes et vraiment funèbres, dont la musique ne ressemble pas à celle de ces « grands enterremens, » qu'une jeune femme qualifiait devant nous de « délicieux. » Une pièce d'orgue encore nous accueille ; encore un morceau de style simple et sévère, et non point une symphonie à grand orchestre, comme cette ouverture d'*Obéron,* dont retentissait naguère, un jour que nous y entrâmes, la basilique du Sacré-Cœur. Dans la scène de Gounod, comme dans les scènes de Meyerbeer, une action dramatique est accompagnée par un office religieux ; seulement l'accord est ici plus étroit. Ainsi que l'imprécation de Fidès, le reproche infernal : *Souviens-toi du passé* ! plane sur des harmonies saintes. Mais il s'unit, il se fond davantage avec elles ; il s'efforce même de leur ressembler et, pour être plus cruelle, plus injurieuse encore, la voix du démon imite ou contrefait la voix de Dieu.

De cette admirable page, la phrase la plus belle, au moins de la beauté particulière que nous cherchons aujourd'hui, c'est assurément la première : *Seigneur ! daignez permettre à votre humble servante, de s'agenouiller devant vous.* Ces quelques mesures contiennent et résument en quelque sorte une triple perfection : celle de la parole, celle du chant et celle de la prière. La musique n'a jamais rien trouvé de plus triste, de plus humble et de plus las ; rien qui s'abaisse et tombe, d'une chute plus profonde, sous un plus pesant fardeau ; rien qui figure avec plus de vérité l'affaissement de l'âme et même du corps, la démission, la prostration de tout l'être et son anéantissement devant Dieu. Chaque point de cette courbe sonore, chaque note, chaque mot est précieux. Elle est mélodie : en d'autres termes, une forme définie et plastique ; elle a ses contours et son relief arrêté. Mais elle est mélopée aussi, ou récitatif. Elle parle aussi bien qu'elle chante et qu'elle prie. Elle est récitatif, et rien qu'à ce titre elle jouit d'une certaine liberté dans le temps : cela signifie qu'elle obéit moins aux lois de la mesure qu'à celles, beaucoup plus larges, du rythme, et du rythme oratoire. Enfin, elle est purement vocale : pas un seul instrument ne la soutient. De tout cela que résulte-t-il ? Que la phrase en question, par ses différens caractères — le chromatisme excepté — se rapproche sensiblement d'une phrase de plain-chant. Imaginez-la seulement entonnée par vingt, par cinquante voix, au lieu d'une seule ; puis, étendue et développée ; devenant, au bleu d'une phrase initiale, tout un discours, toute une prière : vous aurez en elle un exemplaire accompli d'oraison grégorienne et purement liturgique.

Et maintenant au contraire, cette phrase de théâtre, essayez de la remplacer par toute autre, si belle qu'elle soit, empruntée même aux œuvres religieuses de l'auteur. Sera-ce le *Félix culpa* de *Mors et Vita* ? ou bien, dans *Rédemption*, la cantilène : *Vos bontés paternelles* ? Sera-ce, enfin, et pour choisir un exemple encore plus connu, l'admirable *Ave Maria* — mais admirable autrement — sur le premier prélude de Bach ? Gageons que le public ne souffrirait pas, sans crier à l'irrévérence, au scandale peut-être, de voir un personnage de drame entrer dans la maison de Dieu avec ces accens et ces mouvement de passion humaine sur les lèvres et dans le cœur. Ainsi la musique la plus théâtrale n'est pas toujours celle qu'on pense. Il n'est pas sans originalité, ni sans intérêt pour notre cause, qu'un musicien, aussi grand dans l'art sacré que dans l'art profane, nous donne une pareille leçon, et que l'idéal de la prière, — j'entends et je ne saurais trop y insister — de la prière à l'église, ce soit dans une scène de théâtre qu'un Gounod en ait le plus approché.

Désireux d'y atteindre également, d'autres compositeurs, et non des plus petits, ne s'y sont pas pris d'autre sorte. Rappelez-vous, dans le *Roi d'Ys*, quel sobre et simple *Te Deum* accompagne les noces de Rozenn et de Mylio victorieux. Une délicieuse introduction, monastique et virginale à la fois, puis un *Ave Maria* polyphonique où se mêlent des orgues légères, annonce le pur et pieux chef-d'œuvre qu'est le second acte de la *Proserpine* de M. Saint-Saëns. Plût à Dieu que les véritables couvens ne connussent pas d'office plus mondain et de plus profane musique ! Il n'est pas jusqu'à M. Massenet… Après tout, ce n'est pas sa faute si la fameuse « méditation » que vous savez est entrée dans l' « ordinaire » de la messe de mariage, au moins des mariages élégans. L'auteur de *Thaïs*, en l'écoutant, s'excuse peut-être, comme Lully naguère et dans les mêmes termes : « Pardonnez-moi, Seigneur, je ne l'avais pas faite pour vous ! » D'autant plus qu'à l'occasion, il a su faire autrement, et très bien, pour le Seigneur. Les échos d'un irréprochable *Magnificat* arrivent jusqu'au parloir de Saint-Sulpice (quatrième acte de *Manon*), et récemment encore le musicien vraiment religieux du *Jongleur de Notre-Dame* a tracé finement une esquisse, à demi grégorienne et palestrinienne à demi, de la plus orthodoxe *Schola*.

Le chef-d'œuvre enfin, ou le miracle de l'art non seulement religieux, mais liturgique au théâtre, vous l'avez déjà nommé : c'est le second tableau du *Parsifal* de Richard Wagner.

Ici tout est sacré. Ici nous ne voyons plus se passer à l'église, comme dans le *Prophète,* des événemens qui pourraient aussi bien s'accomplir ailleurs. Non : l'action et le décor, le fait et le lieu se commandent et pour ainsi dire se conditionnent l'un l'autre ; on ne saurait les diviser, et les rites chrétiens, loin d'entourer seulement le drame et de l'orner, en font le principal ressort et comme la matière morale elle-même.

Dès les premières scènes, extérieures encore au sanctuaire, une influence mystique se répand. Depuis *Guillaume Tell* et le modeste chœur de la chapelle, le sentiment de Dieu dans la nature s'est étendu et fortifié. Là-bas une humble cloche seule sanctifiait l'heure. Ici résonnent d'augustes sonneries, des fanfares suaves et lentes, et le soir, les bois, les eaux, toutes les choses sont bénies, toutes semblent prier.

L'homme n'a jamais prié comme prient, autour de l'autel qui porte le cristal sanglant, les serviteurs du Graal. Voici la plus sublime représentation que l'église catholique ait trouvée encore de ses plus sublimes mystères. La plus sublime, et la plus complète aussi : car le sentiment et le culte, l'esprit et la lettre, les attitudes et les mouvemens, aussi bien que l'oraison, la méditation et l'extase, que la foi et que l'amour, toute notre église, ou tout de notre église est figuré musicalement ici. Cherche-t-on par quelles figures ? Il apparaît aussitôt que c'est par celles-là justement, par ces deux-là, qu'une longue tradition consacre, que la pratique moderne avait abandonnées, et que les instructions pontificales se proposent et nous ordonnent de rétablir. Cette longue, très longue scène de *Parsifal* ne comporte pas un solo, pas un morceau qui sente le théâtre, ou seulement le concert, pas un éclat, pas un soupçon de ce style profane, — je veux dire dramatique et passionné, — où se développe et s'épanouit pour elle-même une musique étrangère, quand ce n'est point indocile, aux paroles ainsi qu'aux rites sacrés. L'orchestre même, — l'orchestre de Wagner et de sa dernière partition — ne craint pas, à l'occasion, de s'effacer devant la voix, ou mieux, car l'ensemble de la scène est choral, devant les voix, tantôt devant leur unisson, tantôt devant leurs accords. Mais il est un instrument ou plutôt un organe sonore, et vraiment d'église, dont cet orchestre a reconnu et subi volontairement ici la souveraineté sainte : c'est la cloche. Lamennais, dans sa *Philosophie de l'art*, avait défini le caractère grandiose et surnaturel de la cloche ; Wagner, dans *Parsifal*, l'a rendu sensible et magnifiquement réalisé. Extérieure à l'église, la cloche lui apporte, afin qu'elle les unisse à celles de l'humanité, les voix de la nature ou de l'univers, de ces dehors dont elle vit elle-même environnée : voix de la terre, au sein de laquelle elle fut arrachée ; voix du ciel, dans lequel elle se balance ; voix de la plaine, de la montagne et de la forêt, de l'horizon enfin, que, du haut de sa tour, elle domine et qu'elle emplit tout entier de ses ondes. Cloches de deuil ou de fête, de mort ou de nativité : couvre-feu mélancolique ou tocsin meurtrier des *Huguenots* ; à l'autre extrémité et comme au pôle opposé de notre art français, dans *Fra Diavolo*, gai carillon de Pâques fleuries ; cloches fidèles de Moerling, qu'en un de ses *lieder* les plus touchans Liszt écoutait pieusement et déjà de si loin ; cloches imitées par l'orchestre, par le piano même accompagnant la voix, ou cloches véritables ; cloches des cathédrales ou des chapelles, des cités ou des hameaux, jamais jusqu'à *Parsifal* vous n'aviez sonné, chanté, prié ainsi. Jamais vous n'aviez été les interprètes ou les annonciatrices d'une foi si robuste et d'un si tendre amour ; jamais surtout vous n'aviez donné l'idée et l'exemple de ce que la musique à l'église pourrait vous devoir de grandeur religieuse et de liturgique beauté.

Et jamais non plus, à l'église, les chants ne furent depuis longtemps aussi purs, aussi pieux. On l'a fait observer avec justesse : dans les parties religieuses de *Parsifal*, Wagner s'est proposé, voire imposé, d' « éviter toute harmonie pathétique et toute mélodie sentimentale[3]. » Or, pour y réussir, il n'a pas trouvé de plus sûr moyen que de revenir — sans rien sacrifier pourtant de son génie moderne — de revenir, par un libre mais fidèle retour, aux deux formes par excellence de la musique d'église : la monodie grégorienne et la polyphonie *alla Palestrina*.

Parmi les thèmes sacrés de *Parsifal*, celui qu'on peut nommer le principal, parce qu'on l'entend le premier et qu'il surpasse tous les autres en ampleur comme en beauté, ce thème approche de près du type grégorien. Il en possède les caractères essentiels. A peine accompagné, par un sourd et monotone roulement de timbales, il n'est que mélodie ; il n'existe et ne vaut, du moins en son premier étal, que par la succession et non par la combinaison des notes. En outre il évolue, il se développe avec tant de lenteur, que la mesure en devient pour ainsi dire insaisissable. Elle se fond, elle se perd dans un rythme très large, un peu lâche, et qui enveloppe, au lieu de la partager, l'immense période tout entière. Et cela aussi est de style grégorien. Une certaine asymétrie générale de la phrase fortifie ce caractère. Il n'y a pas jusqu'à la tonalité ou, pour parler plus exactement, jusqu'au mode, qui n'y ajoute encore. C'est le mode hypolydien pur, un de ceux qui de la musique antique ont passé dans le plain-chant[4]. Ce thème enfin, — si nous le prenons toujours à son origine, avant qu'il s'anime et se dramatise au contact de la passion et de la douleur humaines d'Amfortas, — ce thème est doué d'une expression ou d'un *éthos* vraiment surnaturel et comme divin. Aussi Wagner l'a-t-il choisi pour traduire les paroles de la consécration : « Prenez et mangez, ceci est mon corps. Prenez et buvez, ceci est mon sang ; » paroles saintes entre toutes, si redoutables à la musique, qu'elles lui sont même interdites par la liturgie, et que, dans la réalité du sacrifice, le prêtre les parle à peine et les prononce tout bas. Sébastien Bach les avait chantées avant Wagner. Mais le musicien de *Parsifal* l'emporte ici sur celui de la *Passion selon saint Matthieu*, et c'est l'honneur du génie ou de l'idéal grégorien, qu'une mélodie qu'il inspira nous paraisse, plus que toute autre, digne du plus grand de tous les mystères et de tous les miracles chrétiens.

C'est une mélodie à l'unisson. Et le chœur des chevaliers, sur un rythme de marche, est un unisson aussi. Mais à ces chants homophones d'admirables polyphonies vocales répondent et font équilibre. Partout, en ces pages véritablement liturgiques, partout et toujours dominent les voix. Les voix, non l'orchestre, expriment tous les degrés et comme tous les modes de la prière, de la méditation, de l'adoration et de l'extase. Elles ne font pas autre chose que prier. Mais comme elles prient ! Comme leur oraison, qui tout à l'heure se rassemblait pour ainsi dire en une seule coulée sonore, se divise maintenant, se décompose en accords subtils et en atomes harmonieux ! *Durch Mitleid wissend, Der reine Thor* ! Rappelez-vous quel mystérieux et mystique soupir promet au martyre d'Amfortas le sauveur « innocent et pur, instruit par la pitié ! » Telle autre phrase, polyphonique aussi, l'est avec plus d'abondance et se développe davantage. De plus en plus, on dirait que des harmonies sixtines remplissent et font chrétienne, catholique même et presque romaine, la chapelle du Montsalvat. Un thème très court, mais très caractéristique, composé d'une suite de sixtes ascendantes, n'est autre chose que la formule d'un *Amen* en usage dans la liturgie de l'église de Dresde. Mais certains musicologues allemands ont cru pouvoir l'attribuer à un maître de chapelle italien, et des successions harmoniques semblables à celles qui le constituent se rencontrent constamment dans les messes de Palestrina.

Ainsi, répétons-le, la plus belle scène d'église que le génie moderne ait conçue et réalisée au théâtre, se partage entre les deux formes par excellence de la musique d'église : celles-là justement que le chef de l'Église, il y a peu de mois, a jugé convenable et nécessaire de remettre en honneur. Une œuvre telle que *Parsifal* est peut-être, bien que théâtrale, assez pure, assez sainte, assez chrétienne, pour témoigner indirectement de cette convenance et de cette nécessité. Relue à l'occasion et sous l'impression des préceptes du Saint-Père, il semble que, par une sorte d'harmonie préétablie, elle s'accorde avec eux, qu'elle les éclaire et les confirme, et que, leur soumettant d'avance, et comme d'instinct, la musique religieuse, même dramatique, elle montre assez tout ce que la musique liturgique gagnerait à leur obéir à son tour.

Il est un point particulier des instructions pontificales que peut élucider l'exemple de *Parsifal*, ou plutôt une objection qu'on leur a faite, et qu'il résout. Après avoir ordonné le retour au chant grégorien et à la polyphonie classique, le *Motu proprio* se garde sagement d'interdire la musique moderne dans l'église. Il l'y subordonne seulement à plusieurs conditions, dont la première — qui n'est pas la moins libérale — consiste dans une certaine analogie ou communauté de sentiment et de style avec le plain-chant et le chant palestinien. D'aucuns ont cru pouvoir conclure de cette restriction et de cette direction indiquée, au péril inévitable de l'imitation et du pastiche, à l'asservissement et par conséquent à la paralysie et à la mort de l'art religieux. Que l'exemple de *Parsifal* suffise à dissiper de trop promptes alarmes ! Le régime établi par le *Motu proprio* n'a rien de si funeste ou seulement de si rigoureux, puisque le plus grand des musiciens modernes a pu le supporter sans dommage et sans apparence même de contrainte. Créé sous l'influence du génie grégorien et du génie palestrinien, *Parsifal* n'en demeure pas moins l'œuvre d'un génie auquel il est difficile de refuser l'originalité, la nouveauté, et l'indépendance. Aussi bien il serait aisé, en reprenant les divers passages cités plus haut, de montrer tout ce que Wagner a su introduire de son âme et de la nôtre, de notre âge et du sien, tantôt en des mélopées issues du plain-chant, tantôt en des accords inspirés de Palestrina.

Voilà ce que la musique a fait hier pour la représentation de l'église au théâtre. Pourquoi ne le ferait-elle pas demain à l'église et pour l'église même ? Alors on saura ce que peut être un art vraiment liturgique et comment il peut l'être : par le sentiment et le respect de la parfaite convenance, sans laquelle il n'est pas de beauté parfaite, et par l'accord, invariablement cher au christianisme, de la tradition avec le progrès et de la discipline avec la liberté.

Maintenant, au moment de conclure, il n'est pas inutile de prévenir une objection, pour y répondre, une équivoque même, afin de la dissiper. Rien ne serait plus contraire à notre dessein, — à peine avons-nous besoin de le dire, ou de le répéter, — non pas que d'introduire la musique dramatique à l'église, puisque, hélas ! elle y a pris place, mais que de l'y fortifier. Entre le sanctuaire et la scène, nous demandons plus que jamais que rien ne soit commun : non seulement les morceaux profanes, tels que l'entr'acte de l'*Arlésienne*, l'intermezzo de *Cavalleria rusticana*, la marche d'*Alceste*, le *Preislied* des *Maîtres Chanteurs* — fût-ce le « Sommeil de la Walkyrie ; » — mais les passages même les plus religieux, presque les plus liturgiques, des opéras que nous venons d'analyser. Nous ne conseillons pas à nos curés et à nos maîtres de chapelle d'emprunter un *Te Deum* au Roi d'Ys *ou au* Prophète, *et nous aimerions pouvoir interdire à nos organistes d'accompagner avec les motifs de* Parsifal *l'offertoire ou la communion. De quoi s'agit-il donc ? Tout simplement de ceci, que nous annoncions tout à l'heure et que nous voudrions avoir démontré : c'est que le théâtre, quand il l'a fallu, s'est renoncé lui-même, pour se faire, en quelque sorte, l'église qu'il avait le devoir et l'honneur de figurer. Il a dépouillé le caractère mondain, profane, théâtral en un mot, que l'église au contraire n'a pas honte d'affecter ou de revêtir. Ainsi la représentation ou la fiction des choses saintes est devenue plus sainte et plus vraie que leur réalité. Cela suffit peut-être pour qui ? la musique d'église reçoive de la musique de*

*théâtre, — nous parlons de la plus grave, de la plus pure —
de piquantes et justes leçons.*

CAMILLE BELLAIGUE.

1. ↑ George Sand : *Lettres d'un voyageur.*
2. ↑ *Ibid.*
3. ↑ *Parsifal, de Richard Wagner,* par M. Maurice Kufferath. Paris, 1890 ;
   Fischbacher.
4. ↑ M. Maurice Kufferath.